MANUEL
DE L'INDEMNITÉ,

OU

INSTRUCTION-PRATIQUE

SUR LA LOI RELATIVE

A L'INDEMNITÉ DES ÉMIGRÉS;

SUR

LA MANIÈRE D'EN POURSUIVRE LA LIQUIDATION
ET LE RECOUVREMENT.

AVEC DES MODÈLES DE PÉTITIONS, ET AUTRES ACTES.

Terminé

PAR LE TEXTE INTÉGRAL DE LA LOI.

Par M. G....., Avocat.

———

A PARIS,

CHEZ LES LIBRAIRES DU PALAIS-ROYAL,

ET DU PALAIS-DE-JUSTICE.

1825.

MANUEL
DE L'INDEMNITÉ,

OU

INSTRUCTION-PRATIQUE

SUR LA LOI RELATIVE A L'INDEMNITÉ DES ÉMIGRÉS.

———————

Cette Instruction ayant pour unique objet, de procurer aux personnes appelées à recueillir l'indemnité, les moyens d'en suivre, elles-mêmes, la liquidation, et de s'en procurer le recouvrement, on doit y trouver principalement trois choses : ordre, brièveté, clarté.

On va donc leur présenter, successivement et rapidement, les différens points dont il leur importe d'avoir une connaissance nette et précise.

Elles trouveront, à la fin, des exemples des mémoires ou pétitions, qu'elles pourront avoir à rédiger et présenter elles-mêmes.

Elles trouveront aussi, en dernier lieu, le texte intégral de la loi, telle qu'elle a été définitivement adoptée et sanctionnée.

I

EXPLICATION DE LA LOI.

Tout le système de la loi se rapporte à deux principaux points de vue, et peut se diviser en deux principales sections :

1°. Personnes ayant droit à l'indemnité ;

2°. Réglement de l'indemnité, mode de liquidation et de paiement.

PREMIÈRE PARTIE.

PERSONNES AYANT DROIT A L'INDEMNITÉ.

Deux classes de personnes sont appelées :

1°. Les personnes mêmes qui ont été frappées de confiscations ou séquestres révolutionnaires, qui ont été expropriées de leurs biens-fonds situés en France ;

2°. En cas de décès de ces personnes, leurs héritiers, représentans et ayans-cause.

CHAPITRE Iᵉʳ.

PERSONNES FRAPPÉES DE CONFISCATION.

La loi même en distingue trois sortes :

1°. Les Emigrés ;

2°. Les Déportés ;

3°. Les Condamnés.

§. Iᵉʳ.

Émigrés.

Sous cette dénomination, il faut comprendre, non-seulement ceux qui passèrent dans l'étranger et y restèrent un temps plus ou moins long ; mais aussi toutes les personnes qui furent inscrites sur les listes, et dont les biens furent séquestrés, sous prétexte d'émigration. On ne sait que trop qu'il est un très-grand nombre de personnes qui furent inscrites, dont les biens furent vendus, encore bien qu'elles n'eussent jamais quitté le sol français ; souvent alors même qu'elles étaient détenues dans les prisons ; souvent même alors qu'elles étaient décédées depuis plusieurs années.

§. II.

Déportés.

Sous cette expression viennent se ranger princi-

palement les ecclésiastiques, qui furent bannis de
France par décret du 26 août 1792, pour non-pres-
tation de serment; qui furent ensuite assimilés aux
émigrés, par un décret du 17 septembre 1793, et en
conséquence frappés de la même confiscation.

Il faut aussi sans doute y comprendre les ecclésiastiques infirmes qui furent mis *en réclusion*, et
qu'un troisième décret, du 22 ventose an 2, eut l'a-
troce démence d'assimiler également aux émigrés.

Enfin, toutes les personnes qui furent bannies,
soit individuellement, soit collectivement, par des
décrets, arrêtés ou jugemens révolutionnaires, sous
prétexte d'incivisme, et dont les biens furent séquestrés par suite.

§. III.

Condamnés.

Par ce mot *condamnés*, il ne faut entendre que
les victimes des tribunaux et commissions *révolutionnaires*, dont l'établissement date d'un décret du
11 mars 1793, et dont un article portait que les
biens de ceux qui seraient condamnés, seraient
acquis à la République.

Il nous semble hors de doute, que sous la désignation de *condamnés révolutionnairement*, il faut
comprendre, non-seulement ceux qui furent con-

damnés par des jugemens individuels, mais aussi ceux qui furent fusillés, mitraillés, en masse et sans jugement ; tels que les Vendéens, les Lyonnais, Toulonnais, et autres prétendus rebelles, lesquels étaient condamnés d'avance à la mort, et leurs biens confisqués, par des décrets généraux de proscription. — Décret du 1ᵉʳ. août 1793, qui confisque les biens des insurgés. — Décret du 8 ventose an 2, qui confisque les biens des ennemis de la révolution, etc.

§. IV.

Conditions fondamentales.

Mais, pour les uns et pour les autres, comme aussi pour leurs héritiers ou représentans, trois conditions sont essentiellement requises, pour être admissibles à l'indemnité :

1°. Il faut que les réclamans soient *Français.* (Art. 1ᵉʳ.)

2°. Il faut que les biens à raison desquels ils réclameront indemnité, soient des *biens-fonds.* (*Ib.*)

3°. Il faut que ces biens-fonds soient *situés en France*, ou au moins fassent partie de l'ancien territoire français, *tel qu'il existait au* 1ᵉʳ. *janvier* 1792. (Art. 1ᵉʳ.)

§. V.

Etrangers exclus.

. Ce n'est qu'en faveur des citoyens *français*, que l'indemnité est accordée. Ainsi, l'ancien Français qui, pendant la révolution, a totalement abdiqué sa patrie et s'est fait naturaliser en pays étranger; n'est plus admissible. (*V.* les articles 17 et suivans du Code civil.)

Ainsi, les habitans des pays voisins de la France, qui n'ont eu que momentanément la qualité de Français, par l'effet des conquêtes de la révolution, n'ont rien à réclamer pour raison des biens dont ils auraient été expropriés pendant l'occupation ou réunion de leur pays. La France a réglé tout ce qui concernait les droits des créanciers étrangers, par des traités conclus avec leurs gouvernemens respectifs.

§. VI.

Exception pour certaines Veuves et Filles.

L'article 19 du Code civil déclare *étrangère*, la *Française* qui épouse un étranger. Mais, pendant les proscriptions révolutionnaires, des veuves, des filles de proscrits, qui avaient suivi leurs maris ou leurs

pères en exil, ont contracté mariage avec des étrangers. Il eût été aussi injuste qu'inhumain de les
exclure du droit de venir réclamer l'indemnité des
spoliations faites, soit de leurs propres biens, soit
de ceux de leurs époux ou aïeux ; car ce n'était pas
librement qu'elles avaient abdiqué la qualité de françaises. Toutes celles ainsi mariées à des étrangers,
depuis l'époque des proscriptions, *jusqu'au* 1*.*
avril 1814, seront donc admises à l'indemnité.
(Art. 23.)

§. VII.

Biens-fonds situés en France.

Ce n'est qu'en faveur de la propriété *foncière*, et
de la propriété *française* seulement, que l'Etat
consent à s'imposer l'énorme charge de l'indemnité.
C'est pour faire disparaître l'espèce de défaveur qui
s'était attachée, jusqu'ici, à certaines propriétés
garanties par la Charte ; c'est pour consolider la
paix publique dans l'intérieur de la France.

Il était donc conséquent à cette vue principale de
la loi, de ne pas étendre cette indemnité aux ventes
faites d'immeubles qui sont hors de France.

Cependant il a paru juste de ne pas en exclure les
Français, anciens propriétaires d'immeubles situés
dans les parties de provinces frontières qui n'ont
été séparées de la France, que par les derniers traités

politiques. C'est pourquoi l'article 1ᵉʳ. de la loi dit :
« situés en France , *ou qui faisaient partie du ter-*
» *ritoire de la France au* 1ᵉʳ. *janvier* 1792. . . » ;
mots ajoutés par amendement dans la discussion.

§. VIII.

Ascendans d'Émigrés.

Les pères et mères, ou autres ascendans, d'émigrés, qui n'avaient pas suivi leurs fils, et étaient
restés en France, ne furent pas précisément frappés
de confiscation; mais un premier décret, du 17 fri-
maire an 2, commença par ordonner le séquestre
provisoire de leurs biens; puis, un autre du 9 floréal an 3, puis un troisième du 20 floréal an 4, or-
donnèrent que, pour obtenir la levée de ce séquestre, ils seraient tenus de délaisser dès à présent au
fisc révolutionnaire, la part de leur patrimoine qui
aurait été dans le cas d'échoir à leurs enfans émigrés, si, dès à présent, leur succession eût été ouverte.

En exécution de ces décrets, et à titre de partage
de *présuccession,* le fisc enleva aux pères d'émigrés
les parts qu'il lui plut de s'adjuger. Ces portions de
biens furent, les unes *vendues* à des tiers, les autres
rachetées par les pères mêmes. Cette sorte de spoliation n'était pas moins odieuse que les autres. De
là l'art. 3, portant que les ascendans d'émigrés qui

ont subi ces partages anticipés, seront indemnisés des portions de biens qui leur ont été ravies, ou qu'ils ont été forcés de racheter.

§. IX.

Légitimaires.

Les enfans réduits à une simple *légitime* dans la succession de leur père ou de leur mère, avaient, en plusieurs cas, droit de réclamer cette légitime en *biens-fonds*, contre l'héritier principal. Et il est souvent arrivé que l'héritier principal étant resté en France, tandis que le légitimaire était émigré, le fisc révolutionnaire s'est fait payer en argent cette légitime due à l'émigré. De là, la disposition de l'art. 3, portant que la valeur touchée par le fisc, pour raison de cette légitime, sera restituée à la personne qui y avait droit, ou à ses représentans.

CHAPITRE II.

HÉRITIERS, REPRÉSENTANS, ET AYANS-CAUSE DES PROPRIÉTAIRES EXPROPRIÉS.

§. Ier.

Héritiers légaux.

Le Projet appelait, au défaut de l'ancien propriétaire, ceux de ses parens qui seraient les plus proches, et en droit de le représenter, au jour de la promulgation de la loi nouvelle ; conformément à la jurisprudence qui s'était établie pour les biens rendus par la loi du 5 décembre 1814.

Mais cette loi de 1814 ne rendait qu'une faible partie des biens confisqués ; elle ne rendait que les seuls objets qui, non vendus, se trouvaient encore dans les mains de l'Etat. Il était donc juste et politique tout à la fois de considérer cette première restitution comme un secours provisoire accordé par le Gouvernement aux membres des familles dépouillées, et qui devait ne s'appliquer qu'à eux seuls ; par préférence à des étrangers, auxquels l'ancien propriétaire ou son héritier, décédés, auraient fait un legs universel. D'autant plus qu'il n'était guères présumable que le testateur eût voulu comprendre dans sa disposition, des biens sur lesquels il ne comptait plus.

Mais, la loi nouvelle faisant aux émigrés une restitution entière de leurs biens, sinon en nature, quant à ceux vendus, du moins en valeurs équivalentes ou estimées telles ; on a pensé qu'il convenait d'adopter un autre système quant aux héritiers· et légataires. On a pensé qu'il fallait supposer qu'à l'instant même où les émigrés avaient été dépouillés de leurs biens par les ventes qui en ont été faites, ils avaient été saisis du droit à être un jour indemnisés de la perte de ces biens ; droit qui avait formé une créance acquise contre l'Etat au moment de leur décès ; créance qui avait fait partie de l'actif de la succession ouverte ce jour-là ; et qu'ils avaient par conséquent transmise, dès ce même jour, aux personnes dès-lors appelées à leur succession, soit comme héritiers, soit comme légataires.

En conséquence, au lieu de la disposition qui avait été proposée dans le projet du gouvernement, en ces termes : — « Seront admis à réclamer l'indemnité, l'ancien propriétaire, et, à son défaut, les héritiers qui seraient appelés à le représenter à l'époque de la présente loi » ; — la rédaction suivante a été proposée, et adoptée.

« Seront admis à réclamer l'indemnité, l'ancien
» propriétaire, et, à son défaut, les Français qui
» étaient appelés par la loi, ou par sa volonté, à le
» représenter à l'époque du décès, etc.... » (Art. 7.)

D'après cette disposition nouvelle, il est hors de doute qu'en cas de décès de l'ancien propriétaire, pour savoir quelles personnes sont appelées à recueillir, en son lieu et place, le bénéfice de l'indemnité, on ne devra consulter que les lois existantes au jour de son décès, ou les dispositions qu'il aurait faites avant de mourir,

Et il n'est pas plus douteux que, maintenant, cette disposition devra s'appliquer, non-seulement aux indemnités à recevoir en vertu de la loi nouvelle,

mais encore aux biens rendus en nature par la loi du
5 décembre 1804; à l'égard desquels il n'y aura pas
eu des arrangemens définitifs et irrévocables, ou des
jugemens passés en force de chose jugée.

Les lois auxquelles on sera dans le cas de recou-
rir, pour connaître les ayans-droit, seront, outre le
droit romain, et les statuts locaux ou coutumiers,
toutes celles successivement rendues pendant la révolution, concernant la matière des successions, tes-
tamens, donations, substitutions, adoptions, enfans
naturels, etc., qu'il serait trop long de retracer ici.

§. II.

Légataires, Donataires.

Du moment qu'on admettait en principe, que le
jour même où les émigrés furent frappés de confiscation, ils eurent un droit acquis à être indemnisés
de cette spoliation, et que ce droit fut une créance
dont ils moururent investis; il s'ensuivait la conséquence, que si, avant de mourir, ces émigrés firent
des dons ou legs universels, soit au profit de certains de leurs parens, soit au profit de toutes autres
personnes, ces dispositions universelles doivent em-
brasser l'indemnité aujourd'hui décrétée; pourvu
toutefois que les dispositions aient été faites en
forme régulière, et en faveur de personnes capables,
suivant les règles du droit civil ordinaire.

Ici deux remarques importantes à faire :

1°. On ne pourra opposer aux personnes qui se présenteront, soit comme héritiers, soit comme légataires ou donataires, les incapacités résultantes des lois révolutionnaires, notamment celle de la mort civile prononcée par ces lois. (Art. 7.)

Mais toutes autres incapacités, résultantes des principes du droit commun, pourront être apposées.

2°. On pourra de plus opposer comme fin de non-recevoir, la qualité *d'étranger*. (Articles 1 et 2.)

(*Voir* le §. V au chapitre précédent.)

§. III.

Cessionnaires de droits successifs.

Il est de la nature du legs universel, de comprendre généralement tout ce dont le testateur n'a pas disposé particulièrement : même les biens, droits et actions qu'il ignorait lui appartenir ; et, par suite de ce principe, l'indemnité pourra être réclamée par les légataires universels, alors même que l'ancien propriétaire n'aurait exprimé aucune volonté relativement à cette indemnité.

Mais, en sera-t-il de même, à l'égard des cessionnaires ou acquéreurs de droits successifs ? — Non ; à moins que le bénéfice éventuel de cette indemnité n'ait été spécialement compris dans la cession.

Ainsi jugé par plusieurs arrêts, pour les biens, remis, tant par le sénatus-consulte de floréal an 10, que par la loi du 5 décembre 1814.

Voyez notamment celui rendu par la Cour royale de Paris, le 30 décembre 1819, entre *Maynaud-Pancemont* et *la Ferté-Senneterre*, maintenu en Cour de cassation ; et celui rendu par la Cour de Riom, entre *Lespinasse* et *Grenier*, le 3 mars 1817, aussi maintenu en cassation. (Recueil général, t. 18, p. 347.)

§. IV.

Enfans naturels.

Tel émigré est décédé laissant un enfant naturel qu'il avait reconnu dans les formes légales, et des neveux ou nièces, cousins ou cousines. Ceux-ci pourront-ils prétendre exclure de l'indemnité l'enfant naturel? Non ; car l'enfant naturel, légalement reconnu, a droit à une quote-part de tous les biens de la succession de son auteur ; et l'indemnité dont il s'agit est certainement une dépendance de la succession de l'émigré.

De même, au cas où l'émigré, décédé en émigration, aurait laissé un fils qui serait ensuite décédé lui-même, laissant un enfant naturel : car le droit à l'indemnité aurait passé du père au fils, et ferait partie de la succession de ce fils.

§. V.

Enfant adoptif.

A plus forte raison, les collatéraux ne pourront-ils prétendre exclure un enfant adoptif. Celui-ci aura même seul droit à l'indemnité entière ; puisque l'enfant légalement adopté a tous les mêmes droits qu'un enfant légitime, sur les biens de la succession de l'adoptant (art. 35o du Code civil) ; tandis que l'enfant naturel ne peut jamais prétendre qu'à une part de la portion héréditaire qui lui aurait appartenu, s'il eût été légitime ; tant qu'il reste des parens de son père, ou de sa mère, au degré successible (art. 758).

§. VI.

Héritier qui a renoncé.

Mais il s'est rencontré des enfans d'émigrés, qui, ne retrouvant plus en France que quelques débris insuffisans pour acquitter les dettes de leur père, ont pris le parti de renoncer à sa succession, pour s'affranchir de toutes poursuites. Nonobstant cette renonciation, seront-ils admissibles à venir réclamer l'indemnité ? — Oui certainement ; car il est manifeste qu'ils n'ont renoncé, que dans la supposition où aucune indemnité ne serait accordée en remplacement des biens vendus.

Toutefois, si d'autres héritiers avaient accepté purement et simplement la même succession, et en avaient ainsi assumé sur eux toutes les dettes, ils seraient fondés à se prévaloir des renonciations faites. Ils auraient acquis un droit exclusif et irrévocable à tous les bénéfices, comme à toutes les charges, de l'hérédité par eux acceptée. (Art. 7.)

§. V I I.

Créanciers.

On peut encore ranger dans la classe des *ayans-cause* des proscrits, leurs *créanciers*.

Il ne nous semble pas douteux, qu'au cas où ni le proscrit, ni aucun héritier ne se présenterait pour réclamer l'indemnité, les créanciers non liquidés par l'Etat seraient admissibles à exercer cette action, jusqu'à concurrence de ce qui leur est dû : d'après l'art. 1166 du Code civil, portant que les créanciers peuvent exercer les droits et actions de leurs débiteurs; et encore d'après l'art. 788, portant que les créanciers de l'héritier qui a renoncé au préjudice de leurs droits, peuvent se faire autoriser en justice a accepter la succession en son lieu et place, etc.

(*Voyez*, à la fin, le chapitre particulier aux créanciers.)

DEUXIÈME PARTIE.

RÉGLEMENT DE L'INDEMNITÉ. — MODE DES DE-MANDES; MODE D'INSTRUCTION, DE LIQUIDA-TION, ET DE PAIEMENT.

CHAPITRE Iᵉʳ.

MODE DE RÉCLAMATION.

§. Iᵉʳ.

Pétition au Préfet.

La première chose à faire, par tout individu pré-tendant à l'indemnité, soit comme *propriétaire dé-pouillé*, soit *comme héritier* de l'ancien proprié-taire, c'est de rassembler les titres justifiant cette qualité; puis, de dresser une pétition expositive de ses droits, et d'adresser cette pétition au préfet du département où sont situés les biens dont il réclame l'indemnité. (Art. 8.)

Il est indispensable de joindre à cette pétition les pièces justificatives de la qualité du réclamant, si-non par des expéditions entières, au moins par des extraits dignes de foi; puisque la loi, dans plusieurs de ses articles, recommande au préfet, au ministre, à la commission, de commencer toujours *par véri-*

fier les qualités et droits des réclamans. (Articles 8
et 11.)

(*V.* à la fin, Modèles de Pétitions.)

S'il possède des pièces constatant la valeur des
biens vendus, il ne doit pas négliger de les joindre
aussi; quoique ce soit l'affaire de la préfecture, de
recueillir ces documens, et de les faire passer à la
commission de liquidation.

§. II.

Delais.

Cette pétition doit être présentée, au plus tard,
dans le délai *d'un an*, pour toutes les personnes
qui habitent le royaume de France ;

Dans le délai de *dix-huit mois*, pour celles qui
se trouvent dans les autres Etats de l'Europe ;

Dans le délai de *deux ans*, pour celles qui sont
hors de l'Europe, en Amérique, en Asie ou en
Afrique. (19.)

Ces délais courent du jour de la promulgation de
la loi.

Cette pétition sera, ou déposée directement au se-
crétariat de la préfecture, ou envoyée par la poste,
à l'adresse de M. le Préfet.

Elle doit être sur papier timbré; signée de la
Partie, ou de son fondé de pouvoirs.

§. I I I.

Bulletin de la Pétition.

Dans l'un et l'autre cas, il doit être remis ou envoyé, par la préfecture, au pétitionnaire, à l'adresse qu'il aura indiquée, un bulletin ou extrait du registre, sur lequel sa réclamation doit être inscrite aussitôt sa réception. (20.)

CHAPITRE II.

INSTRUCTION, VÉRIFICATIONS, PROCÉDURES.

§. Iᵉʳ.

Envoi au Directeur des Domaines. — Bordereau de liquidation à dresser par lui.

Aussitôt la réception et l'enregistrement de la pétition à la préfecture, elle doit être transmise, avec les pièces jointes, au directeur des domaines du département où les biens ont été vendus : pour, par ce directeur, être dressé l'état ou bordereau de l'indemnité qui peut revenir au pétitionnaire, à raison des biens vendus dans ce département.

Et ici le directeur devra opérer d'après les différentes distinctions exprimées dans la loi.

1°. S'agit-il de biens vendus, après *constatation de leur revenu en* 1790 : ce revenu multiplié *dix-huit fois* donnera le *capital de l'indemnité* à payer. (Article 2.)

2°. S'agit-il de biens vendus sans constatation préalable du revenu de 1790 : on ne s'attachera qu'*au prix d'adjudication; ce prix* formera le *montant de l'indemnité*; après l'avoir réduit en valeur moné-taire métallique, si ces biens ont été vendus contre du papier-monnaie. (Art. 2.)

3°. S'agit-il de biens qui aient été *rachetés de l'Etat*, par les propriétaires mêmes, ou par leurs héri-tiers, ou par personnes interposées : l'indemnité sera fixée sur la valeur réelle qui aura été payée à l'Etat, d'après le cours des assignats ou mandats à l'époque des versemens. (Art. 3 et 4.)

Lorsque les mêmes auront racheté *à des tiers*: l'indemnité devra être égale aux valeurs réelles qui auront été payées à ces tiers; sans néanmoins qu'elle puisse excéder la mesure déterminée par l'art. 2. (Art. 3 et 4.)

4°. S'agit-il d'un *ascendant d'émigré*, qui ait ra-cheté la part de ses biens qu'il était forcé d'abandon-ner à la Nation, à titre de *présuccession*: l'indemnité devra être d'une somme égale à la valeur réelle qui aura été payée pour ce rachat. (Art. 3.)

Et cette indemnité devra être délivrée, soit à l'as-cendant même, s'il existe encore; soit à celui ou à ceux de ses héritiers qui auront supporté la perte de ce prélèvement anticipé sur sa succession. (Art. 3.)

5°. S'agit-il d'un *légitimaire* ayant droit à une part de biens-fonds, dont la Nation s'est fait payer la valeur : le montant réel du prix reçu devra être compté à ce légitimaire ou à ses ayans-cause. (Article 3.)

6°. S'agit-il d'un engagiste qui n'aurait pu être maintenu dans son engagement, qu'en payant *le quart :* il ne lui sera alloué que les trois quarts de l'indemnité à laquelle il aurait eu droit, si le domaine dont il fut exproprié avait été patrimonial. (Art. 9, n°. 4)

7°. *Quid*, quant aux biens, qui furent vendus par voie de *loteries ?*

La loi étant muette sur ce cas, il est naturel de penser qu'on doit également y appliquer les dispositions de l'art. 2 ; savoir : *le revenu de* 1790, multiplié dix-huit fois, si ce revenu a été constaté ; où bien *le montant des mises reçues* pour *prix de vente ;* d'après le cours de ces valeurs au jour du tirage.

Mais plusieurs hôtels, et autres sortes de biens, ont été quelquefois réunis en une seule loterie, pour former différens lots. Comment répartir entre ces lots le montant des mises ? — Par une règle de proportion, d'après la valeur relative de chaque immeuble

§. I I.

Communication du Bordereau aux Parties.

Le *directeur* des domaines ayant terminé son opération, et *dressé le bordereau de l'indemnité* qu'il
estime revenir au pétitionnaire, l'ajoute à la liasse
de la demande, et renvoie le tout à *M. le Préfet.*

Communication de ce bordereau est donnée aux
parties, lesquelles ont droit de le contredire, et de
faire sur son contenu telles observations qu'elles
jugent convenables. (Art. 8, a. 2.)

§. I I I.

Envoi au Ministre.

Le tout est ensuite envoyé par le Préfet au Ministre des Finances; et il doit y joindre un avis motivé, qui portera, tant *sur les droits et qualités* des
parties, que sur les articles du bordereau, et aussi
sur les contredits des réclamans. (Art. 8, a. 2.)

§. I V.

Vérification par le Ministre. Déductions à opérer.

La demande ainsi parvenue au Ministre des Finances, avec le bordereau du directeur des domaines, les observations des parties, et l'avis du préfet: il se fait, dans les bureaux du ministère, une *troisième opération* qui a pour objet de vérifier :

1°. S'il n'a pas été payé de *dettes* ou de *soultes*, en l'acquit du propriétaire dépossédé;

2°. S'il ne lui a pas été compté, en exécution de la loi du 5 décembre 1814, des sommes provenant de reliquats de *décomptes;*

3°. S'il ne s'est pas opéré de compensation de sommes dues par lui au même titre ;

4°. Si quelques-uns des biens vendus, et à raison desquels l'indemnité est réclamée, ne provenaient pas d'*engagemens* de l'ancien domaine royal ; attendu qu'en ce cas, l'engagiste ou ses représentans n'ont pas droit à la totalité du prix de vente ou du montant de l'estimation. (Art. 9.)

Il est dressé un état des diverses déductions à faire.

Dans ces déductions, ne doivent pas entrer, les sommes qui auraient été payées, à titre de *secours alimentaires*, aux femmes et enfans des proscrits ; non plus que les *gages de domestiques,* et autres paiemens de même nature, faits en assignats, en exé-cution des décrets du 8 avril 1792, et 12 mars 1793. (*Ib.*, a. 2.)

Mais, pourra être déduit, le montant des *bons au porteur* (espèce de papier-monnaie) qui auraient été donnés en remboursement aux *déportés*, et enfans des *condamnés* ; en exécution des décrets des 21 prairial et 22 fructidor an 3. — Bien entendu, après avoir réduit ces *bons* à leur valeur réelle en numéraire. (Art. 15, a. 2.)

§. V.

Envoi à la Commission de liquidation.

L'état des déductions ainsi opéré, le tout est envoyé par le Ministre, à la *Commission de liquidation.* (10.)

Dans le projet proposé aux Chambres, il était dit que cette Commission serait composée de *quatre Ministres d'État, trois Conseillers d'État, trois Conseillers-Maîtres de la Cour des comptes, et six Maîtres des requêtes faisant fonctions de Rapporteurs.*

Ces énonciations ont été retranchées, à la Chambre des Députés, par le motif qu'il appartient exclusivement au Roi de nommer les personnes qu'il juge dignes de sa confiance, soit pour administrer, soit pour juger.

Cette Commission sera un véritable *Tribunal* en cette partie ; tribunal administratif spécial.

La loi porte tout simplement, qu'elle sera *nommée par le Roi.*

§. VI.

Fonctions de la Commission.
Mode d'y procéder.

Elle commence par *vérifier la qualité* de la partie réclamante ; par constater si elle a véritablement *droit*, soit comme étant *l'ancien propriétaire dépossédé*, soit comme étant son *héritier* ou *représentant*. (Art. 11.)

Si elle ne trouve pas cette *qualité* suffisamment justifiée, elle renvoie le demandeur à faire statuer sur ce point préalable par l'autorité judiciaire. (*Ib.* a. 2.)

De même, au cas où plusieurs individus se présentent comme ayant droit à l'indemnité pour tel immeuble ; s'ils ne sont pas d'accord sur leurs *qualités respectives*, la Commission les renvoie aux tribunaux. (*Ib.* a. 3.)

Mais *la qualité* du demandeur est-elle reconnue, suffisamment justifiée, et ne s'élève-t-il à cet égard aucune difficulté ; dans ce cas, qui sera le plus ordinaire, la Commission *ordonne*, de suite, qu'il sera donné *copie* au réclamant, du *bordereau* et de *l'état des déductions*. (Art. 12.)

Les parties ont la faculté de *présenter*, contre le *bordereau et les déductions*, telles *observations* qu'elles jugeront convenables. (16.)

Après *ces observations* fournies , l'instruction se trouve à son terme ; *la liquidation* peut être définitivement réglée par la Commission.

Il en est de même, au cas où les parties ont été *renvoyées* aux *tribunaux* , pour faire juger leur *qualité.*

Celle qui a obtenu un jugement conforme à sa prétention , revient devant la Commission. Elle y dépose son jugement. Communication lui est donnée du bordereau, ainsi que de l'état des déductions ; elle fournit ses observations : puis, la Commission prononce. (Art. 12.)

Il est probable qu'un délai sera fixé pour la production des mémoires et observations.

§. VII.

Renvoi de certaines questions aux tribunaux. Quels tribunaux compétens ?

Jusqu'ici, il a été de maxime constitutionnelle , que les tribunaux ordinaires , ou de justice réglée , étaient seuls compétens pour connaître des *questions d'état civil* , c'est-à-dire, de naissance , de filiation , de parenté , de successibilité.

Et la loi de l'indemnité consacre ce principe, en recommandant à la Commission *de renvoyer aux tribunaux* les difficultés qui pourront s'élever devant elle, *sur les qualités* des réclamans.

Car, quant à *la Commission* même, elle n'a mission de statuer que sur le *quantum* revenant aux ayans-droit, d'après les bases posées dans la loi.

Mais, quand la Commission aura ainsi *renvoyé* un réclamant, ou plusieurs compétiteurs, à se retirer devers les *tribunaux*, pour faire juger leurs qualités, *à quel tribunal devra-t-on en effet s'adresser ?*

Il y aura plusieurs distinctions à faire.

S'agit-il d'*un seul réclamant*, dont la Commission a trouvé la qualité douteuse, non régulièrement justifiée, et qu'elle a renvoyé aux tribunaux pour la faire apprécier et déterminer d'une manière plus certaine : il est naturel de penser que c'est devant *le tribunal de son domicile*, que le prétendant devra se retirer ; car c'est là qu'il doit-être le mieux connu, et qu'il lui sera plus facile sans doute de réunir les preuves de la qualité qu'il doit justifier.

Cependant, si son domicile était dans une province éloignée, et qu'il lui fût plus convenable, pour éviter de longs envois et retours de pièces, de se pourvoir de suite devant le *tribunal de la Seine*, nous pensons qu'il le pourrait également. Car, de quoi s'agit-il ? d'une demande *contre le Gouvernement*, tendante à obtenir, non pas un immeuble, mais une *indemnité pécuniaire*, un simple capital de deniers. La matière est donc *personnelle et mobilière.* Ici vient donc s'appliquer la maxime *actor sequitur forum rei.*

S'agit-il de *plusieurs* individus en concurrence, qui se présentent comme étant les *représentans* de l'émigré, et qui *se disputent* réciproquement le droit de recueillir *l'indemnité* due pour raison de tel immeuble ? Ce débat *de qualités* est encore ici une matière toute *personnelle.* Et, par conséquent, il est clair que le premier qui assignera l'autre ou les autres, devra se conformer à cette règle du Code de procédure : « En matière *personnelle,* le *défendeur* » sera assigné *devant le tribunal de son domicile ;* » et, *s'il y a plusieurs défendeurs,* devant le tri-» bunal *de l'un d'eux, au choix du demandeur.* » (Art. 59.)

Enfin, supposons *divers* individus, qui se présentent à titre d'*héritiers* d'une succession non encore partagée, ou dont le partage est en litige ? Ici viendrait s'appliquer la règle qui attribue la connaissance des contestations, *entre héritiers, jusqu'au partage inclusivement, au tribunal du lieu où la succession est ouverte.* (C. de proc. 59.)

§. VIII.

Mode d'y procéder.

« Il y sera statué (dit simplement la loi, par un

dernier article ajouté par amendement à la Chambre des Députés), « comme en *matières sommaires;* » à moins qu'il ne s'élève quelques *questions d'é- » tat.* » (Art. 11.)

· Or, chacun sait qu'on nomme *matières somma*i*res*, les causes qui n'exigent pas une longue instruction, et qui doivent se juger promptement.

Le Code de procédure porte, art. 405 : « que les » matières sommaires seront jugées à l'audience, » après les délais de la citation échus, sur un simple » acte, sans autres procédures ni formalités. »

On nomme *questions d'état*, celles où il s'agit de l'état civil des personnes ; où, par exemple, la qualité de fils légitime est contestée à quelqu'un.

Au surplus, l'article ajoute qu'en ces matières, soit sommaires, soit solennelles, le *ministère public* devra toujours être entendu : ce qui était déjà dit par l'art. 83 du Code de procédure.

§. IX.

Retour à la Commission. — Achèvement d'instruction.

Quand les questions de qualités auront été jugées par les tribunaux, les parties reviendront devant la Commission, et y compléteront l'instruction de leurs droits ou prétentions.

· A cet effet, la loi a soin d'exprimer que toutes communications seront données aux prétendans, des bordereaux, de l'état des déductions, de l'avis des préfets ; et que ce n'est qu'après ces communications données, et *après avoir pris connaissance* des mémoires et observations qui pourront être fournis par les parties, que la Commission *procédera à la liquidation.* (Art. 12.)

§. X.

Arrêté de fixation de l'indemnité.

L'instruction de la liquidation étant complétée, *la Commission* prononce sur *le montant* de cette liquidation.

Elle y statue par *voie de Décision* ou *d'Arrêté.*

Il en est aussitôt *donné avis* aux ayans-droit, et une *expédition* de cette *décision* est *envoyée* au Ministre des finances. (Art. 13.)

§. XI.

Faculté de recours au Conseil d'Etat contre les décisions de la Commission.

· Cette faculté de recours est accordée, tant *aux Parties*, qu'*au Ministre* des finances.

Ce recours s'introduit, s'instruit et se juge, dans les formes et délais usités jusqu'ici pour les autres affaires de la compétence du Conseil d'Etat. (14.)

CHAPITRE·III.

MODE DE PAIEMENT DE L'INDEMNITÉ.

§. Ier.

Inscription de Rente.

Ainsi définitivement arrêtée, soit par la Commission, s'il n'y a pas appel de sa décision ; soit, en cas d'appel, par le Conseil d'Etat : *l'indemnité* se paie par une *inscription de rente* au grand-livre, que le *Ministre des finances* est chargé de faire opérer, et dont il est délivré *un extrait* à la partie qui y a droit. (Art. 13.)

La rente à inscrire devra être en raison *du montant de l'indemnité liquidée.* (Art. 13.)

Toutefois, elle ne sera inscrite que par coupons ou fractions d'un *cinquième*, d'année en année ; le premier à commencer du 22 juin 1825. (Art. 5.)

L'inscription de chaque cinquième portera jouissance des intérêts, à compter de l'époque de chaque année où elle aurait dû être faite, encore bien qu'elle n'ait été délivrée que plus tard. (Art. 5, a. 2.)

Les liquidations donnant droit à des inscriptions inférieures à 250 fr. de rente, ne seront pas soumises à ces délais et fractions successives.

L'inscription en aura lieu pour la totalité, avec jouissance du 24 juin 1825. (Art. 5, a. 3.)

§. II.

Moyens de Payement. Fonds à ce destiné.

Pour l'acquit de ces nouvelles rentes à créer, il est ouvert au Ministre des Finances, un crédit de *trente millions de rente, trois pour cent,* formant un capital d'*un milliard,* qui seront inscrites;

SAVOIR:

Six millions, le 22 juin 1825,
Six millions, le 22 juin 1826,
Six millions, à pareil jour de 1827,
Six millions. 1828;
Six millions. . . . . 1829.

Avec jouissance, pour les rentes inscrites, à compter du jour où leur inscription aurait dû être faite. (Art. 6.)

CHAPITRE IV.

DISPOSITIONS PARTICULIÈRES RELATIVES AUX BIENS D'ÉMIGRÉS AFFECTÉS A DES HOSPICES.

Certains biens provenant d'émigrés avaient été affectés à des hospices, en remplacement de ceux de leurs propres domaines, que la révolution avait fait vendre.

· La loi du 5 décembre 1814, sur la remise des immeubles non vendus, avait excepté de cette remise ceux qui avaient été *définitivement* attribués à des hospices par des lois ou actes du Gouvernement ; et quant à ceux qui n'avaient été que *provisoirement* affectés, il était dit qu'il n'y aurait lieu de les rendre aux anciens propriétaires ou à leurs héritiers, qu'a-lors que *l'hospice aurait reçu un accroissement de dotation, égal à la valeur de ces biens.* (Art. 8 de la loi du 5 décembre.)

D'après cette distinction, la loi nouvelle ordonne :

1°. Que les biens *définitivement* appliqués aux hospices, *leur resteront ;* mais que les *anciens pro-*

3

priétaires, ou *leurs héritiers, auront droit à l'in-*
demnité ; et que cette indemnité sera égale au *mon-*
tant de l'estimation qui a dû être faite en numéraire
avant le décret de *cession définitive* à l'hospice ; sinon,
suivant l'estimation qui en sera faite par experts, valeur de 1790. (Art. 17, a. 2.)

2°. Que quant aux biens qui n'ont été que *provi-*
soirement affectés, ils pourront être retirés par
l'ancien propriétaire ou ses héritiers, en offrant à
l'hospice une inscription de rente 3 pour cent, dont
le capital soit égal au montant de la liquidation de
l'indemnité. (Art. 17, a. 1.)

Lors donc qu'un immeuble d'émigré a été affecté
à un hospice, soit *définitivement*, ou soit *provisoi-*
rement, il y a toujours lieu, pour l'ancien propriétaire,
ou ses héritiers, de *se pourvoir en indemnité*, de
faire régler cette indemnité ; puisque, même au cas
d'une simple affectation *provisoire*, ils ne pourront
retirer l'immeuble des mains de l'hospice, qu'en lui
offrant et remettant l'inscription de liquidation, ou
toute autre inscription d'égale valeur. (Art. 16 et
17.)

La Commission de la Chambre des Députés avait
proposé, par amendement, que les anciens propriétaires eussent la faculté de retirer même les biens
définitivement affectés, en transmettant l'inscription
d'une rente égale au revenu net de ces biens. Mais
cet amendement n'a pu passer.

CHAPITRE V.

DISPOSITIONS PARTICULIÈRES AUX CRÉANCIERS.

§. 1er.

Créanciers opposans sur le montant de l'indemnité.

La loi dont il s'agit ne s'est occupée. que des *créanciers par titres antérieurs à la confiscation*, et non soldés par l'Etat.

« Elle ne prononce rien sur les autres; elle ne porte aucune atteinte aux droits qui peuvent résulter de leurs titres. » (M. *de Martignac.*)

Elle admet donc ces créanciers *antérieurs*, à former des oppositions à la délivrance de l'inscription de rente qui reviendra à leur débiteur, ou à ses héritiers, d'après l'arrêté de liquidation.

Mais l'opposition ne pourra tenir que *pour le capital seulement* de la créance due aux opposans;

Et l'ayant droit à l'indemnité pourra *se libérer des causes de cette opposition, en transférant* à l'opposant ou aux opposans, sur le montant de sa liqui-

dation, en rente 3 pour cent, *un capital nominal,
égal à la dette réclamée.* (Art. 18, a. 1.)

» On n'autorise les créanciers à former opposition que parce que, précisément, l'Etat ne rend aux
anciens propriétaires, qu'un capital, sans restitution de fruits.

» Le même principe conduit à décider que si ces
créanciers veulent être payés sur l'indemnité, et
manifestent cette volonté par des oppositions, le débiteur a droit de faire cesser ces oppositions, en
leur offrant, capital pour capital, et jusqu'à due
concurrence, un transfert de la rente trois pour
cent, dont l'indemnité se compose. » (*M. Pardessus*, dans son Rapport.)

§. II.

Point de prescription opposable à ces créanciers.

« La même justice qui rend au débiteur, ce que
la confiscation lui avait ravi, relève le créancier des
déchéances qu'il avait encourues par l'effet de la
même confiscation.

» Si sa dette est légitime, si des exceptions fondées
sur le droit commun, ne peuvent lui être opposées,
il ne sera point repoussé par les exceptions spéciales
que le système des confiscations avait créées : exceptions qui doivent cesser à l'égard du créancier, dès

que lès effets de ce système cessent à l'égard du débiteur. » (Rapp. de M. *Pardessus*.)

« Votre Commission aurait désiré que l'article eût dit en termes exprès, que *la prescription* n'avait pu courir contre les créanciers d'un émigré, durant le temps de l'émigration de son débiteur ; mais elle a été unanimement d'avis que le texte de la loi le défait implicitement, et qu'il y avait lieu d'ailleurs à l'application de cette maxime du droit : *contrà non valentem agere, nulla currit præscriptio.* » (Rapp. de M. le comte *Portalis.*)

Cependant, il est de fait qu'un Membre de la Chambre des Députés, *M. Petit-Perrin*, ayant demandé que cette disposition fût clairement énoncée dans la loi, cet amendement fut repoussé par la majorité.

§. III.

Rang d'hypothèques. — *Ordre.*

L'indemnité accordée est comme le prix des biens qui ont été vendus. Ce prix est, dans la caisse de l'État, comme le prix d'un immeuble ordinaire, dans les mains de l'acquéreur, ou dans la caisse des consignations. Il est donc grevé des mêmes hypothèques qui existaient sur les immeubles confisqués et vendus ; et, par conséquent, ce prix doit être réparti suivant l'ordre de ces hypothèques, de même qu'il aurait dû l'être au moment de la confiscation. (Art. 1 , a. 2.)

§. IV.

Tribunal compétent.

Mais il ne devra point y avoir autant d'*ordres*, qu'il y aura eu d'immeubles distincts, vendus sur le même individu, dans divers arrondissemens.

Il ne devra être introduit qu'*un seul ordre*, pour tous les biens vendus sur le même individu ; et cet ordre sera poursuivi , devant le tribunal du domicile de l'indemnisé , s'il est encore vivant ; sinon , au cas qu'il soit décédé , devant le tribunal de l'arrondissement où la succession sera réputée ouverte. (Art. 18, a. 3.)

A. GUICHARD,

Avocat aux Conseils du Roi,
et à la Cour de Cassation.

(AVRIL 1825.)

FORMULES.

I.

PÉTITION AU PRÉFET,

PAR L'ANCIEN PROPRIÉTAIRE.

A Monsieur le Préfet du département de . . . .

L. . . . (Noms, qualités, demeure.)
a l'honneur d'exposer,

Qu'avant les proscriptions révolutionnaires, il possédait en toute propriété, dans le département de. . . . . *arrondissement de*. . . . . *la terre de*. . . . *le domaine de*. . . . . *la ferme de*. . . . . . .

(Désignation des biens, de leur situation et consistance, autant que possible.)

Que, sous prétexte d'émigration de l'exposant ,

ladite terre, après avoir été séquestrée par le fisc révolutionnaire, a été vendue nationalement....

(Indiquer, autant que possible, l'époque de la vente; si c'est par adjudication aux enchères, ou sur soumission, en masse ou en plusieurs lots; énoncer les prix, si on les connaît, les noms des acquéreurs, etc.)

Et, depuis cette époque, l'exposant est resté entièrement dépouillé de cette terre, laquelle est actuellement possédée par les premiers acquéreurs ou par leurs ayans-cause.

(Énoncer leurs noms, si on les connaît.)

C'est pourquoi l'exposant vous prie et requiert, M. le Préfet, de vouloir bien faire procéder le plus diligemment possible à la liquidation de l'indemnité qui doit lui être allouée, pour raison de ladite dépossession, conformément aux dispositions de la loi du. . . . . avril 1825.

Et pour justifier de ses qualités et droits, l'exposant joint ici les pièces suivantes :

1ere. . . . .
2eme. . . . .
Etc. . . . .

les pièces jointes.

2.

PÉTITION AU PRÉFET,

PAR UN HÉRITIER DE L'ANCIEN PROPRIÉTAIRE.

(L'intitulé comme ci-devant.)

A l'honneur d'exposer,
qu'il est fils, ou petit-fils, ou neveu, ou cousin-
germain de feu M. L. . . .

(Noms, qualités de l'ancien propriétaire.)

lequel, avant la révolution, possédait en toute pro-
priété la terre de. . . . .

(*Situation, consistance.*)

Que, sous prétexte de l'émigration dudit M. L...,
le séquestre révolutionnaire a été jeté sur cette
terre; et par suite, la ferme de. . . . le domaine
de. . . , dépendans de cette terre, ont été nationa-
lement vendus, etc.

(Comme ci-devant.)

Et attendu que l'exposant est l'héritier légitime
dudit défunt L. . . . ainsi qu'il est justifié par les
pièces ci-jointes,

Il vous prie et requiert, M. le Préfet, etc.

(Le reste comme ci-dessus.)

3.

PÉTITION POUR UN LÉGATAIRE UNIVERSEL.

A Monsieur le Préfet du Département de......

Etienne Pascal.....

(*Noms, qualités, demeure.*)

a l'honneur d'exposer ce qui suit :

Feu M. le duc de S..... possédait , entr'autres propriétés , la terre de....., située dans votre département, arrondissement de ....

(*Situation, consistance.*)

Cette terre a été vendue nationalement, en plusieurs parties, dans le cours de l'année....., pendant l'émigration de M. le duc de S....., lequel est mort à....., laissant une fille unique, Eugénie S....., mariée à M. le comte de B.....

Madame de B..... est elle-même décédée en France, en l'année....., sans laisser d'enfans; après avoir fait un testament, par lequel elle a institué l'exposant pour son légataire universel.

L'exposant se trouve donc appelé à recueillir l'indemnité revenante à la succession de M. le duc de S. . . . ., pour raison des biens-fonds qui ont été révolutionnairement confisqués et vendus à son préjudice.

C'est pourquoi l'exposant a l'honneur de vous adresser la présente pétition, Monsieur le Préfet, tendante à ce qu'il vous plaise ordonner que toutes les recherches et vérifications nécessaires seront faites le plus activement que possible, à l'effet de constater le montant de l'indemnité qui est dans le cas de revenir, d'après la loi, à la succession de feu M. le duc de. . . . ., pour raison des biens-fonds vendus sur lui dans l'étendue de votre département.

Il joint à la présente les Pièces suivantes :

1ere. . . . . .

2me. . . . . .

Etc.

4.

PÉTITION POUR UNE VEUVE

REMARIÉE EN PAYS ÉTRANGER.

A Monsieur le Préfet du Département de......

Dame Amélie M...., veuve de feu M. le marquis

de L....., aujourd'hui épouse, en secondes noces,
. de Sire Edouard W..., gentilhomme anglais, demeurant à. . . . . en Angleterre,

Expose qu'elle est née en France, fille légitime
de feu M. le comte de S.... et de dame Marie N...,
son épouse, lesquels étaient propriétaires, entr'autres
biens, de la terre de. . . . ., située dans le département de. . . . ., arrondissement de. . . .

(*Désignation.*)

Qu'en l'année 1787, elle fut mariée à M. le marquis de L...., lequel possédait, entr'autres biens, la
terre de....., également située dans le département
de. . . . .

(*Désignation.*)

Qu'en l'année 1791, elle suivit son mari en terre
étrangère; et qu'ayant été inscrite, ainsi que lui, sur
les listes de proscription, le fisc révolutionnaire a
fait saisir et vendre, tant de ladite terre de. . . . .,
appartenant à son mari, que la terre de . . . .,
appartenant à elle-même, par succession de ses père
et mère ;   1

Qu'ayant eu le malheur de perdre sondit mari, le
marquis de . . . . ., décédé à . . . ., en (telle année),
elle s'est remariée en secondes noces à Sire Edouard
W. . . ., gentilhomme anglais, demeurant à. . . ., en
Angleterre ;

Qu'encore bien que, par ce second mariage, elle

soit devenue étrangère, elle n'en a pas moins droit
de réclamer l'indemnité qui lui est due par le Gouvernement français, tant pour raison des biens-
fonds vendus sur ses père et mère, dont elle est
l'unique héritière, que pour raison de ceux vendus
sur le feu marquis de. . . . ., son premier mari, dont
elle était la donataire universelle, aux termes du
contrat de mariage, (ou) aux termes du testament par lui fait par acte. . . . . .

(*Désignation de l'acte.*)

ainsi que l'exposante en justifie par les pièces jointes
à la présente.

A ces causes, l'exposante vous prie et requiert,
M. le Préfet, de vouloir bien faire procéder le plus
diligemment possible à la liquidation de l'indemnité
qui lui est due, aux termes de la loi, pour les causes
ci-dessus énoncées.

PIÈCES JOINTES.

1ere., du (tel jour).

2eme. . . . . . .

(Enumération des Pièces justificatives.)

(*Signature de la Requérante,*
ou de son mandataire)

5.

PÉTITION POUR UN HÉRITIER
QUI A RENONCÉ.

A M. le Préfet du Département de. . . . . . .

A..... P....... (*Noms, qualités et demeure.*)

A l'honneur d'exposer,

qu'il est fils et héritier pour un quart de feu M. le comte de....., et de Madame la comtesse de:....; son épouse, etc. . . . . . .

L'Exposant ayant suivi ses père et mère en émigration, et ayant eu le malheur de les perdre, rentra en France vers l'année. . . . . . ., mais n'y retrouva plus aucune parcelle des biens qu'ils y avaient laissés, et qui consistaient notamment en l'hôtel qu'ils habitaient à Paris, rue. . . . .; la terre de. . . . .; la ferme de. . . . . ., etc.

(*Désignation.*)

Que s'étant vu presqu'aussitôt assailli de plusieurs

demandes et réclamations, de la part de divers individus qui se disaient créanciers de sommes considérables, l'Exposant prit le parti, pour se soustraire à leurs poursuites, de passer un acte de renonciation aux successions de ses père et mère ;

Qu'il est instruit que ses frères et sœurs, qui ne sont rentrés en France que plus tard, ont formé particulièrement la demande en liquidation de l'indemnité due pour raison des biens vendus révolutionnairement sur M. le comte de..... et son épouse ; comme ayant seuls droit à recueillir cette indemnité, à l'exclusion de l'Exposant, sous prétexte de sa renonciation.

Mais l'Exposant vous prie d'observer, M. le Préfet, qu'il n'a fait cette renonciation que forcément et dans la supposition que l'hérédité de ses père et mère n'avait aucun actif, et qu'il n'y avait aucune indemnité à espérer pour raison des biens vendus sur ses père et mère ;

Que d'ailleurs ses frères et sœurs n'ont accepté que *sous bénéfice d'inventaire ;* qu'ainsi ils ne s'engageaient à rien, et ne couraient aucun risque ;

Que dans cette position des choses, et d'après l'article 7 de la loi du 25 avril 1825, l'Exposant a certainement autant de droits que ses frères et sœurs, à l'indemnité accordée par ladite loi.

A ces causes, et dans ces circonstances, l'Exposant vous prie et requiert, M. le Préfet, d'ordonner que la liquidation de l'indémnité due pour raison de la vente des susdits biens et de tous autres qui ont appartenu à feu M. le comte de...... et à Madame la comtesse de......, son épouse, sera faite dans l'intérêt, tant de l'Exposant que de ses frères et sœurs; sous réserve de tous ses autres droits.

Il joint à la présente les pièces suivantes :

1re. . . . . . .

2ème. . . . . . .

6.

CONTREDITS ET OBSERVATIONS,

Pour M..... (Noms et qualités du réclamant.)

Sur le Bordereau dressé par M. le Directeur des Domaines du Département de....

Relativement à l'indemnité de la vente des biens de la succession de feu M.....,

Premièrement. — *M. le Directeur a omis de comprendre dans son Bordereau l'indemnité due pour raison de....* (Tel objet.)

Secondement. — *M. le Directeur a pris pour base unique de ses calculs, le prix de vente énoncé au procès-verbal du district de.....*

Cependant, il est de fait qu'avant cette adjudication, il avait été fait une visite et estimation des biens mis en vente, d'après le revenu qu'ils produisaient en 1790, etc. . . . . .

TROISIÈMEMENT. — *Quant au Domaine de......* pour lequel il ne paraît pas qu'il y ait eu d'estimation d'après le revenu de 1790, avant l'adjudication, au moins est-il certain que ce revenu se trouvait tout constaté par un bail en bonne forme, en date du. . . . , où l'on voit que le fermier rendait de ce Domaine un fermage annuel de. . . . . *Ainsi,* c'est ce revenu qui aurait dû être pris pour base de l'indemnité, et non pas le prix d'adjudication, etc.

QUATRIÈMEMENT. — *M. le Directeur a pris pour* base de la réduction du prix d'adjudication, le tableau de dépréciation du département de. . . . , tandis que la plus forte partie de la terre dont s'agit est située dans le département de. . . . . *Ainsi,* c'est le tableau de ce dernier Département qui aurait dû être pris pour règle, etc.

CINQUIÈMEMENT. — *M. le Directeur a fait une* erreur de calcul dans la réduction du prix de vente de (tel objet); *en effet,* etc.

SIXIÈMEMENT. — . . . . . .

Etc. . . . .

NOTA. — Ces Pétitions doivent être sur papier timbré.

4

~~~~~~

TEXTE DE LA LOI

DU 25 AVRIL 1825.

TITRE I,

De l'allocation et de la nature de l'indemnité.

ART. 1er.

Trente millions de rente, au capital d'un milliard, sont affectés à l'indemnité due par l'Etat aux Français dont les biens-fonds, situés en France, ou qui faisaient partie du territoire de la France au 1er. janvier 1792, ont été confisqués et aliénés, en exécution des lois sur les émigrés, les déportés et les condamnés révolutionnairement.

Cette indemnité est définitive; et, dans aucun cas, il ne pourra y être affecté aucune somme excédant celle qui est portée au présent article.

2.

Pour les biens-fonds vendus en exécution des lois qui ordonnaient la recherche et l'indication préalable du revenu de 1790, ou du revenu valeur de 1790, l'indemnité consistera en une inscription de rente 3 pour 100, sur le grand-livre de la dette publique, dont le capital sera égal à dix-huit fois le revenu tel qu'il a été constaté par les procès-verbaux d'expertise ou d'adjudication.

Pour les biens-fonds dont la vente a été faite en vertu des lois antérieures au 12 prairial an 3, qui ne prescrivaient qu'une simple estimation préalable, l'indemnité se composera d'une inscription de rente 3 pour 100, sur le grand-livre de la dette publique, dont le capital sera égal au prix de vente réduit en numéraire au jour de l'adjudication, d'après le tableau de dépréciation des assignats, dressé en exécution de la loi du 5 messidor an 5, dans le département où était située la propriété vendue.

Lorsque le résultat des liquidations aura été connu, les sommes restées libres sur les 30 millions de rentes déterminées par l'art. 1er., seront employées à réparer les inégalités qui auraient pu resulter des bases fixées par le présent article.

3.

Lorsqu'en exécution de l'art. 20 de la loi du 9 floréal an 3, les ascendans d'émigrés auront acquis, au prix de l'estimation déclarée, les portions de leurs biens-fonds attribuées à l'Etat par le partage de présuccession, le montant de l'indemnité sera égal à la valeur réelle des sommes qui auront été payées. En conséquence, l'échelle de dépréciation des départemens, pour les assignats et les mandats, et le tableau du cours pour les autres effets reçus en paiement, seront appliqués à chacune des sommes versées, à la date du versement.

L'indemnité sera delivrée à l'ascendant, s'il existe, et à son défaut, à celui ou à ceux de ses héritiers qui, par les arrangemens de famille, auront supporté la perte.

Lorsque l'Etat aura reçu d'un aîné ou autre héritier insti-

4.

tué, le prix des légitimes que des légitimaires frappés de confiscation avaient droit de réclamer en biens-fonds, le montant réduit de la somme payée pour prix de cette portion
légitimaire, sera restitué à ceux qui y avaient droit ou qui les
représentent.

4.

Lorsque les anciens propriétaires seront rentrés en possession des biens confisqués sur leur tête, après les avoir acquis
de l'Etat, directement ou par personnes interposées, l'indemnité sera fixée sur la valeur réelle payée à l'Etat, conformément aux règles établies par l'art. 3.

Lorsque, par les mêmes moyens, il les auront rachetés à
des tiers, l'indemnité sera égale aux valeurs réelles qu'ils jus-
tifieront avoir payées; sans que, dans aucun cas, elle puisse
excéder celle qui est déterminée par l'art. 2. A défaut de justification, ils recevront une somme égale aux valeurs réelles
formant le prix payé à l'Etat.

Dans les deux cas ci-dessus, les ascendans, descendans, ou
femmes de l'ancien propriétaire, seront réputés personnes
interposées.

Lorsque les héritiers de l'ancien propriétaire seront rentrés directement dans la possession des biens confisqués sur
l'ui, l'indemnité à laquelle ils auraient droit sera fixée de la
même manière.

5.

Les rentes 3 pour 100, affectées à l'indemnité, seront inscrites au grand-livre de la dette publique, et délivrées à chacun des anciens propriétaires, ou à ses représentans, par
cinquième, et d'année en année: le premier cinquième devant être inscrit le 22 juin 1825.

L'inscription de chaque cinquième portera jouissance des

intérêts du jour auquel elle aura du être faite, à quelque épo-que que la liquidation ait été terminée et la délivrance opérée.

Néanmoins, les liquidations donnant droit à des inscrip-tions inférieures à 250 fr. de rentes, ne seront pas soumises aux délais prescrits ci-dessus. L'inscription en aura lieu en to-talité, et avec jouissance du 22 juin 1825.

6.

Pour l'exécution des dispositions ci-dessus, il est ouvert au Ministre des Finances un crédit de trente millions de rentes 3 pour 100, qui seront inscrits; SAVOIR:

Six millions, le 22 juin 1825;

Six millions, le 22 juin 1826;

Six millions, le 22 juin 1827;

Six millions, le 22 juin 1828;

Et Six millions, le 22 juin 1829;

Avec jouissance, pour les rentes inscrites, du jour où leur inscription est autorisée.

TITRE II.

De l'admission à l'indemnité, et de sa liquidation.

7.

Seront admis à réclamer l'indemnité, l'ancien propriétaire, et, à son défaut, les Français qui étaient appelés, par la loi ou par sa volonté, à le représenter à l'époque de son décès, sans qu'on puisse leur opposer aucune incapacité résultant des lois révolutionnaires.

Leurs renonciations ne pourront leur être opposées, que par les héritiers qui, à leur défaut, auraient accepté la suc-cession.

Il ne sera dû aucun droit de succession, pour les indemnités réclamées dans les cas du présent article et de l'art. 3.

8.

Pour obtenir l'indemnité, les anciens propriétaires, ou leurs representans, se pourvoiront devant le préfet du département où sont situés les biens-fonds vendus.

Le Préfet transmettra la demande au directeur des domaines du département, qui dressera le bordereau d'indemnité conformément aux dispositions précédentes.

Le bordereau sera communiqué aux réclamans; ensuite adressé, par le Préfet, au Ministre des Finances, avec les pièces produites. Il y joindra son avis motivé, qui portera, tant sur les droits et qualités des réclamans, que sur les énonciations du bordereau, et les observations ou reclamations qu'il aurait reçues.

9.

Le Ministre des Finances vérifiera : 1°. s'il n'a pas été payé de soultes ou de dettes à la décharge du propriétaire dépossédé; 2°. s'il ne lui a pas été compté, en exécution de la loi du 5 décembre 1814, des sommes provenant de reliquats de decomptes de la vente de ses biens; 3°. s'il ne s'est pas opéré de compensations pour les sommes dues par lui au même titre; 4°. si quelques-uns des biens vendus sur lui ne provenaient pas d'engagemens ou autres aliénations du domaine royal, qui n'auraient été maintenues par les lois des 14 ventose an 7 et 28 avril 1816, qu'à la charge de payer le quart de la valeur desdits biens; auquel cas, il sera fait déduction du quart sur l'indemnité due pour les mêmes biens.

Il sera dressé un état des déductions à opérer, dans lesquelles ne seront pas compris, les sommes payées à titre de secours aux femmes et enfans, les gages de domestiques et autres paiemens de même nature, faits en assignats et en exécution des lois du 8 avril 1792 et 12 mars 1793.

Quelque soit le total de ces deductions, il ne pourra diminuer l'affectation des 30 millions de rente fixée par l'art. 1er.

10.

Le bordereau d'indemnité et l'état des déductions seront transmis par le Ministre des Finances à une Commission de liquidation nommée par le Roi.

11.

La commission procédera d'abord à la reconnaissance des qualités et des droits des réclamans.

Dans le cas où elle jugerait la justification irrégulière et insuffisante, elle les renverra devant les tribunaux, pour faire statuer sur leur qualité, contradictoirement avec le procureur du Roi.

S'il s'élève entre les réclamans des contestations sur leurs droits respectifs, la Commission les renverra également à se pourvoir devant les tribunaux pour faire prononcer sur leurs prétentions, le Ministère public entendu.

Il y sera statué comme en matière sommaire, à moins qu'il ne s'élève quelque question d'Etat.

12.

Quand la justification des qualités aura été reconnue suffisante, ou quand il aura été statué par les tribunaux, la Comm'ssion ordonnera qu'il sera donné copie aux ayans-droit, des bordereaux dressés dans les départemens, et de l'état des déductions proposées par le Ministre des Finances; et elle procédera à la liquidation, après avoir pris connaissance de leurs mémoires et observations.

13.

La liquidation opérée, la Commission donnera avis de sa décision aux ayans-droit, et la transmettra au Ministre des Finances, qui fera opérer l'inscription de la rente, pour le montant de l'indemnité liquidée, dans les termes et délais qui ont été prescrits.

14.

Les ayans-droit pourront se pourvoir, contre la liquidation de la Commission, devant le Roi, en son Conseil d'Etat, dans les formes et dans les delais fixés pour les affaires contentieuses.

La même faculté est réservée au Ministre des Finances.

TITRE III.

Des Déportés et des Condamnés.

15.

Les dispositions précédentes seront applicables aux biens confisqués et aliénés au préjudice des individus déportés ou condamnés révolutionnairement.

Sera déduit de l'indemnité, le montant des bons au porteur,

donnés en remboursement aux déportés et aux familles des condamnés, en exécution des décrets des 21 prairial et 22 fructidor an 3, réduit en numéraire au cours du jour où la remise leur en a été faite.

TITRE IV.

*Des biens affectés aux hospices et autres établisse-
mens de bienfaisance, et des biens concédés gratuitement.*

16.

Les anciens propriétaires des biens donnés aux hospices et autres établissemens de bienfaisance, soit en remplacement de leurs biens aliénés, soit en paiement de sommes dues par l'Etat, auront droit à l'indemnité ci-dessus réglée. Cette in-demnité sera égale au montant de l'estimation en numéraire faite avant la cession.

17.

En ce qui concerne les biens qui n'ont été que provisoire-ment affectés aux hospices et autres établissemens de bienfai-sance, et qui, aux termes de l'art. 8 de la loi du 5 décembre 1814, doivent être restitués, lorsque ces établissemens auront reçu un accroissement de dotation égal à la valeur de ces biens : les anciens proprietaires ou leurs représentans pour-ront en demander la remise, aussitôt qu'ils auront transmis à l'hospice détenteur, une inscription de rente 3 pour 100, dont le capital sera égal au montant de l'estimation qui leur est due à titre d'indemnité.

En ce qui concerne les biens définitivement et gratuitement

concédés par l'Etat, soit à d'autres établissemens publics, soit à des particuliers, l'indemnité due aux anciens propriétaires sera réglée conformément à l'art. 16 ci-dessus. A défaut d'estimation desdits biens, antérieure à la cession qui en a été faite, ils seront estimés contradictoirement et par experts, valeur de 1790,

TITRE V.

Des Droits des Créanciers relativement à l'Indemnité.

18.

Les oppositions qui seraient formées à la délivrance de l'inscription de rente, par les créanciers des anciens propriétaires, porteurs de titres antérieurs à la confiscation, non liquidés et non payés par l'Etat, n'auront d'effet que pour le capital de leurs créances.

Les anciens propriétaires, ou leurs représentans, auront droit de se libérer des causes de ces oppositions, en transférant auxdits creanciers, sur le montant de la liquidation en rente de 3 pour 100, un capital nominal égal à la dette réclamée.

Ces créanciers exerceront leurs droits suivant le rang des priviléges et hypothèques qu'ils avaient sur les immeubles confisqués.

L'ordre ou la distribution seront faits, s'il y a lieu, quel que soit le juge de la situation desdits biens, devant le tribunal du domicile de l'ancien propriétaire, ou devant le tribunal dans le ressort duquel la succession s'est ouverte.

TITRE VI,

Des délais pour l'Admission.

19.

Les réclamations tendantes à obtenir l'Indemnité devront être formées, à peine de déchéance, dans les délais suivans ; savoir :

Dans un an, par les habitans du Royaume ;

Dans dix-huit mois, par ceux qui se trouvent dans les autres Etats de l'Europe ;

Dans deux ans, par ceux qui se trouvent hors d'Europe.

Ces délais courent du jour de la promulgation de la présente loi.

20.

Il sera ouvert, dans chaque préfecture, un registre spécial, où seront inscrites, à leur date, les réclamations qui auront été adressées au préfet, ainsi que le résultat de chacune des liquidations, lorsqu'elle aura été terminée.

Des extraits régulièrement certifiés de ce registre seron délivrés à toutes personnes qui auront intérêt à les réclamer.

TITRE VII.

Dispositions générales.

21.

Il sera annuellement distribué aux Chambres, avec les pro jets de loi des comptes, des états détaillés de toutes les liquidations arrêtées conformément aux dispositions de la présente loi, pendant l'exercice auquel se rapporteront ces projets.

22.

Pendant cinq ans, à compter de la promulgation de la présente loi, tous actes translatifs de la propriété des biens confisqués sur les émigrés, les déportés et les condamnés révolutionnairement, et qui seraient passés entre le propriétaire actuel desdits biens, et l'ancien propriétaire ou ses héritiers, seront enregistrés moyennant un droit fixe de 3 fr.

23.

La qualité d'étrangère ou d'étranger, ne pourra être opposée, relativement à l'exécution de la présente loi, aux Françaises veuves ou descendantes d'émigrés, de déportés ou de condamnés révolutionnairement, lesquelles auraient contracté mariage avec des étrangers, antérieurement au 1er. avril 1814, ni à leurs enfans nés de père ayant joui de la qualité de Français.

24.

L'art. 1er. de la loi du 5 décembre 1814, continuera de sortir son plein et entier effet; en conséquence, aucune des dispositions de la présente loi ne pourra préjudicier, en aucun cas, aux droits acquis, avant la publication de la Charte constitutionnelle et maintenus par ledit article, soit à l'Etat, soit à des tiers, ni donner lieu à aucun recours contre eux.

TABLE DES MATIERES.

(64)

DEUXIÈME PARTIE.

*Mode de demandes, Mode d'instruction, de liquidation
et de paiement..*

FORMULES.

FIN

DE L'IMPRIMERIE DE Mme. V^e. PORTHMANN,
RUE SAINTE-ANNE, N°. 43.

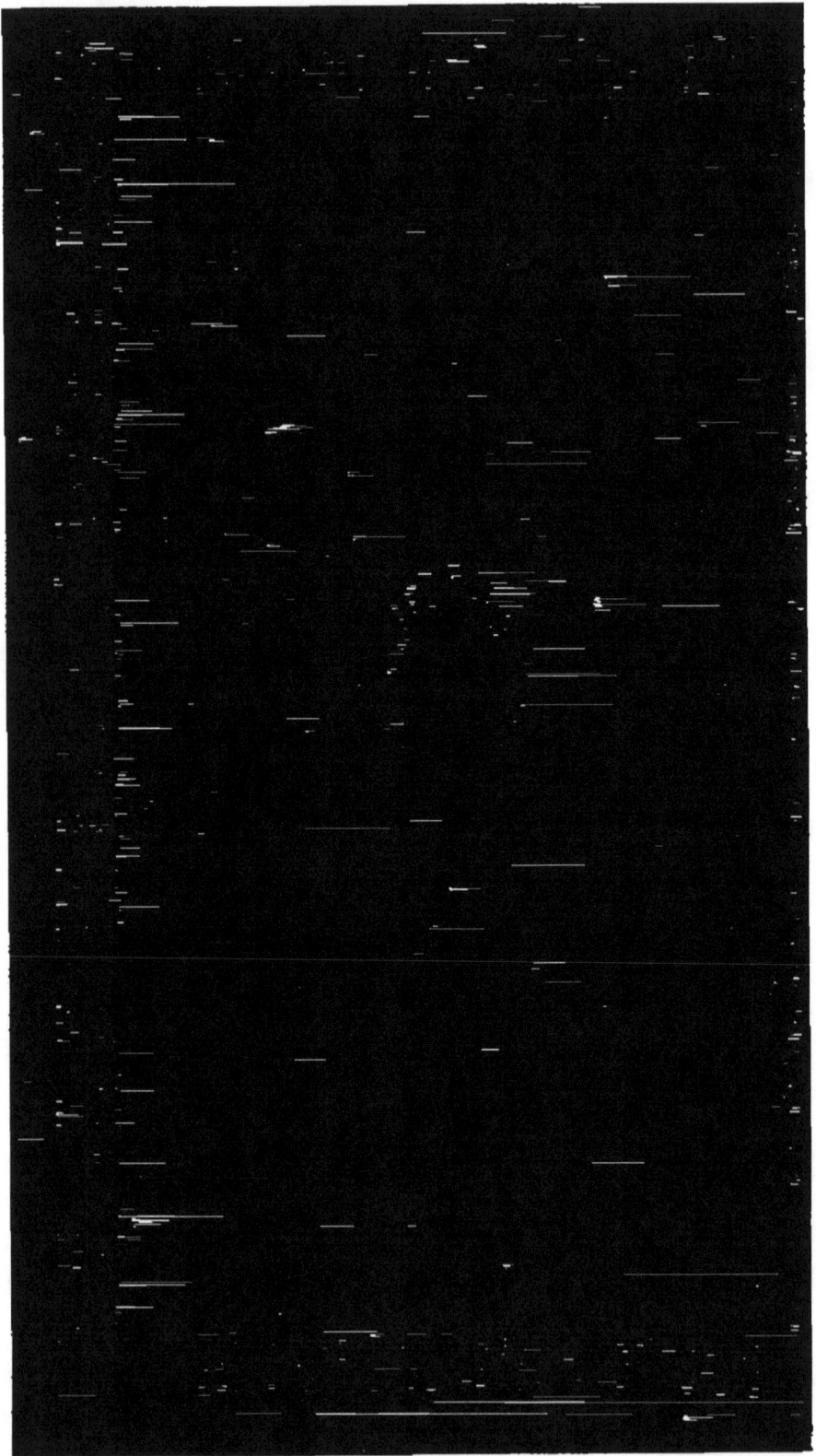